Subtracting Multi Digit Numbers Requires Thought

Children's Arithmetic Books

BABY PROFESSOR

EDUCATION KIDS

Speedy Publishing LLC
40 E. Main St. #1156
Newark, DE 19711
www.speedypublishing.com

Copyright 2016

SUBTRACTION
2 digits by 2 digits

1.)   71 - 28   =

2.)   75 - 26   =

3.)   68 - 47   =

4.)   82 - 35   =

5.)   90 - 32   =

6.)   52 - 20   =

7.)   78 - 38   =

8.)   58 - 28   =

9.) 77 - 42 =

10.) 93 - 49 =

11.) 88 - 43 =

12.) 88 - 26 =

13.) 55 - 12 =

14.) 92 - 16 =

15.) 97 - 23 =

16.) 55 - 24 =

17.) 64 - 40 =

18.) 61 - 20 =

19.) 50 - 22 =

20.) 69 - 15 =

21.) 75 - 14 =

22.) 59 - 13 =

23.) 69 - 43 =

24.) 68 - 39 =

25.) 90 - 16 =

29.) 66 - 12 =

26.) 98 - 12 =

30.) 62 - 49 =

27.) 63 - 49 =

31.) 85 - 47 =

28.) 86 - 49 =

32.) 75 - 11 =

33.) 76 - 15 =

37.) 66 - 28 =

34.) 75 - 44 =

38.) 86 - 24 =

35.) 53 - 30 =

39.) 87 - 42 =

36.) 77 - 32 =

40.) 86 - 10 =

41.) 60 - 30 =

42.) 87 - 26 =

43.) 96 - 15 =

44.) 87 - 14 =

45.) 78 - 35 =

46.) 55 - 31 =

47.) 82 - 14 =

48.) 82 - 10 =

49.) 64 - 33 =

50.) 53 - 11 =

51.) 85 - 29 =

52.) 73 - 25 =

53.) 68 - 10 =

54.) 81 - 49 =

55.) 70 - 24 =

56.) 85 - 46 =

57.) 55 - 31 =

61.) 52 - 10 =

58.) 92 - 26 =

62.) 71 - 39 =

59.) 69 - 41 =

63.) 68 - 22 =

60.) 69 - 48 =

64.) 61 - 31 =

65.) 67 - 27 =

66.) 63 - 15 =

67.) 58 - 24 =

68.) 59 - 10 =

69.) 85 - 30 =

70.) 88 - 38 =

71.) 61 - 34 =

72.) 66 - 25 =

SUBTRACTION
3 digits by 2 digits

1.)   126 - 48   =

2.)   408 - 18   =

3.)   312 - 77   =

4.)   290 - 50   =

5.)   200 - 60   =

6.)   427 - 56   =

7.)   462 - 50   =

8.)   203 - 19   =

9.) 275 - 39 =

10.) 205 - 27 =

11.) 156 - 65 =

12.) 426 - 59 =

13.) 471 - 96 =

14.) 176 - 27 =

15.) 301 - 74 =

16.) 170 - 88 =

17.) 139 - 60 =

21.) 152 - 56 =

18.) 440 - 58 =

22.) 250 - 20 =

19.) 244 - 26 =

23.) 349 - 12 =

20.) 450 - 58 =

24.) 137 - 49 =

25.) 137 - 92 =

26.) 245 - 12 =

27.) 307 - 69 =

28.) 230 - 55 =

29.) 453 - 16 =

30.) 328 - 15 =

31.) 394 - 54 =

32.) 298 - 78 =

33.) 240 - 13 =

37.) 458 - 16 =

34.) 181 - 71 =

38.) 345 - 49 =

35.) 380 - 49 =

39.) 349 - 13 =

36.) 140 - 47 =

40.) 267 - 15 =

41.) 151 - 52 =

45.) 101 - 83 =

42.) 226 - 99 =

46.) 245 - 67 =

43.) 413 - 59 =

47.) 184 - 96 =

44.) 159 - 19 =

48.) 138 - 25 =

49.) 237 - 56 =

50.) 423 - 71 =

51.) 217 - 58 =

52.) 200 - 49 =

53.) 260 - 53 =

54.) 382 - 31 =

55.) 160 - 34 =

56.) 248 - 41 =

57.) 421 - 26 =

61.) 468 - 57 =

58.) 295 - 55 =

62.) 363 - 70 =

59.) 407 - 19 =

63.) 357 - 31 =

60.) 305 - 30 =

64.) 193 - 17 =

65.) 492 - 44 =

66.) 136 - 58 =

67.) 170 - 45 =

68.) 111 - 98 =

69.) 366 - 24 =

70.) 273 - 39 =

71.) 419 - 59 =

72.) 453 - 43 =

SUBTRACTION
3 digits by 3 digits

1.) 487 - 212 =

5.) 487 - 295 =

2.) 720 - 275 =

6.) 604 - 275 =

3.) 655 - 148 =

7.) 518 - 242 =

4.) 510 - 274 =

8.) 417 - 246 =

9.) 553 - 241 =

10.) 686 - 186 =

11.) 654 - 223 =

12.) 706 - 199 =

13.) 414 - 221 =

14.) 414 - 277 =

15.) 707 - 191 =

16.) 525 - 289 =

17.) 745 - 104 =

18.) 349 - 153 =

19.) 729 - 207 =

20.) 541 - 107 =

21.) 356 - 279 =

22.) 668 - 162 =

23.) 648 - 269 =

24.) 795 - 130 =

25.) 406 - 154 =

29.) 480 - 236 =

26.) 703 - 278 =

30.) 308 - 147 =

27.) 737 - 119 =

31.) 305 - 208 =

28.) 673 - 254 =

32.) 635 - 265 =

33.) 521 - 232 =

37.) 495 - 176 =

34.) 354 - 224 =

38.) 528 - 277 =

35.) 769 - 278 =

39.) 422 - 153 =

36.) 403 - 132 =

40.) 583 - 197 =

41.) 630 - 201 =

42.) 620 - 276 =

43.) 756 - 236 =

44.) 431 - 149 =

45.) 522 - 161 =

46.) 414 - 211 =

47.) 303 - 275 =

48.) 327 - 185 =

49.) 571 - 134 =

50.) 316 - 108 =

51.) 363 - 147 =

52.) 641 - 240 =

53.) 687 - 290 =

54.) 619 - 244 =

55.) 329 - 250 =

56.) 471 - 109 =

57.) 599 - 295 =

61.) 778 - 177 =

58.) 329 - 179 =

62.) 375 - 173 =

59.) 459 - 223 =

63.) 766 - 291 =

60.) 662 - 263 =

64.) 324 - 184 =

65.) 629 - 176 =

66.) 486 - 199 =

67.) 411 - 239 =

68.) 420 - 260 =

69.) 339 - 237 =

70.) 390 - 116 =

71.) 366 - 181 =

72.) 605 - 182 =

73.) 548 - 276 =

74.) 685 - 187 =

75.) 591 - 258 =

76.) 569 - 219 =

77.) 494 - 194 =

78.) 663 - 131 =

79.) 470 - 291 =

80.) 585 - 183 =

81.) 668 - 264 =

85.) 362 - 104 =

82.) 760 - 238 =

86.) 552 - 100 =

83.) 562 - 211 =

87.) 684 - 230 =

84.) 320 - 276 =

88.) 680 - 120 =

89.) 672 - 246 =

93.) 667 - 171 =

90.) 699 - 166 =

94.) 346 - 131 =

91.) 568 - 150 =

95.) 662 - 199 =

92.) 790 - 159 =

96.) 703 - 179 =

ANSWER

1.)	71 - 28 = 43	25.)	90 - 16 = 74	49.)	64 - 33 = 31
2.)	75 - 26 = 49	26.)	98 - 12 = 86	50.)	53 - 11 = 42
3.)	68 - 47 = 21	27.)	63 - 49 = 14	51.)	85 - 29 = 56
4.)	82 - 35 = 47	28.)	86 - 49 = 37	52.)	73 - 25 = 48
5.)	90 - 32 = 58	29.)	66 - 12 = 54	53.)	68 - 10 = 58
6.)	52 - 20 = 32	30.)	62 - 49 = 13	54.)	81 - 49 = 32
7.)	78 - 38 = 40	31.)	85 - 47 = 38	55.)	70 - 24 = 46
8.)	58 - 28 = 30	32.)	75 - 11 = 64	56.)	85 - 46 = 39
9.)	77 - 42 = 35	33.)	76 - 15 = 61	57.)	55 - 31 = 24
10.)	93 - 49 = 44	34.)	75 - 44 = 31	58.)	92 - 26 = 66
11.)	88 - 43 = 45	35.)	53 - 30 = 23	59.)	69 - 41 = 28
12.)	88 - 26 = 62	36.)	77 - 32 = 45	60.)	69 - 48 = 21
13.)	55 - 12 = 43	37.)	66 - 28 = 38	61.)	52 - 10 = 42
14.)	92 - 16 = 76	38.)	86 - 24 = 62	62.)	71 - 39 = 32
15.)	97 - 23 = 74	39.)	87 - 42 = 45	63.)	68 - 22 = 46
16.)	55 - 24 = 31	40.)	86 - 10 = 76	64.)	61 - 31 = 30
17.)	64 - 40 = 24	41.)	60 - 30 = 30	65.)	67 - 27 = 40
18.)	61 - 20 = 41	42.)	87 - 26 = 61	66.)	63 - 15 = 48
19.)	50 - 22 = 28	43.)	96 - 15 = 81	67.)	58 - 24 = 34
20.)	69 - 15 = 54	44.)	87 - 14 = 73	68.)	59 - 10 = 49
21.)	75 - 14 = 61	45.)	78 - 35 = 43	69.)	85 - 30 = 55
22.)	59 - 13 = 46	46.)	55 - 31 = 24	70.)	88 - 38 = 50
23.)	69 - 43 = 26	47.)	82 - 14 = 68	71.)	61 - 34 = 27
24.)	68 - 39 = 29	48.)	82 - 10 = 72	72.)	66 - 25 = 41

ANSWER

1.)	126 - 48 = 78	25.)	137 - 92 = 45	49.)	237 - 56 = 181
2.)	408 - 18 = 390	26.)	245 - 12 = 233	50.)	423 - 71 = 352
3.)	312 - 77 = 235	27.)	307 - 69 = 238	51.)	217 - 58 = 159
4.)	290 - 50 = 240	28.)	230 - 55 = 175	52.)	200 - 49 = 151
5.)	200 - 60 = 140	29.)	453 - 16 = 437	53.)	260 - 53 = 207
6.)	427 - 56 = 371	30.)	328 - 15 = 313	54.)	382 - 31 = 351
7.)	462 - 50 = 412	31.)	394 - 54 = 340	55.)	160 - 34 = 126
8.)	203 - 19 = 184	32.)	298 - 78 = 220	56.)	248 - 41 = 207
9.)	275 - 39 = 236	33.)	240 - 13 = 227	57.)	421 - 26 = 395
10.)	205 - 27 = 178	34.)	181 - 71 = 110	58.)	295 - 55 = 240
11.)	156 - 65 = 91	35.)	380 - 49 = 331	59.)	407 - 19 = 388
12.)	426 - 59 = 367	36.)	140 - 47 = 93	60.)	305 - 30 = 275
13.)	471 - 96 = 375	37.)	458 - 16 = 442	61.)	468 - 57 = 411
14.)	176 - 27 = 149	38.)	345 - 49 = 296	62.)	363 - 70 = 293
15.)	301 - 74 = 227	39.)	349 - 13 = 336	63.)	357 - 31 = 326
16.)	170 - 88 = 82	40.)	267 - 15 = 252	64.)	193 - 17 = 176
17.)	139 - 60 = 79	41.)	151 - 52 = 99	65.)	492 - 44 = 448
18.)	440 - 58 = 382	42.)	226 - 99 = 127	66.)	136 - 58 = 78
19.)	244 - 26 = 218	43.)	413 - 59 = 354	67.)	170 - 45 = 125
20.)	450 - 58 = 392	44.)	159 - 19 = 140	68.)	111 - 98 = 13
21.)	152 - 56 = 96	45.)	101 - 83 = 18	69.)	366 - 24 = 342
22.)	250 - 20 = 230	46.)	245 - 67 = 178	70.)	273 - 39 = 234
23.)	349 - 12 = 337	47.)	184 - 96 = 88	71.)	419 - 59 = 360
24.)	137 - 49 = 88	48.)	138 - 25 = 113	72.)	453 - 43 = 410

ANSWER

1.)	487 - 212 = 275		25.)	406 - 154 = 252
2.)	720 - 275 = 445		26.)	703 - 278 = 425
3.)	655 - 148 = 507		27.)	737 - 119 = 618
4.)	510 - 274 = 236		28.)	673 - 254 = 419
5.)	487 - 295 = 192		29.)	480 - 236 = 244
6.)	604 - 275 = 329		30.)	308 - 147 = 161
7.)	518 - 242 = 276		31.)	305 - 208 = 97
8.)	417 - 246 = 171		32.)	635 - 265 = 370
9.)	553 - 241 = 312		33.)	521 - 232 = 289
10.)	686 - 186 = 500		34.)	354 - 224 = 130
11.)	654 - 223 = 431		35.)	769 - 278 = 491
12.)	706 - 199 = 507		36.)	403 - 132 = 271
13.)	414 - 221 = 193		37.)	495 - 176 = 319
14.)	414 - 277 = 137		38.)	528 - 277 = 251
15.)	707 - 191 = 516		39.)	422 - 153 = 269
16.)	525 - 289 = 236		40.)	583 - 197 = 386
17.)	745 - 104 = 641		41.)	630 - 201 = 429
18.)	349 - 153 = 196		42.)	620 - 276 = 344
19.)	729 - 207 = 522		43.)	756 - 236 = 520
20.)	541 - 107 = 434		44.)	431 - 149 = 282
21.)	356 - 279 = 77		45.)	522 - 161 = 361
22.)	668 - 162 = 506		46.)	414 - 211 = 203
23.)	648 - 269 = 379		47.)	303 - 275 = 28
24.)	795 - 130 = 665		48.)	327 - 185 = 142

ANSWER

49.) 571 - 134 = 437	73.) 548 - 276 = 272
50.) 316 - 108 = 208	74.) 685 - 187 = 498
51.) 363 - 147 = 216	75.) 591 - 258 = 333
52.) 641 - 240 = 401	76.) 569 - 219 = 350
53.) 687 - 290 = 397	77.) 494 - 194 = 300
54.) 619 - 244 = 375	78.) 663 - 131 = 532
55.) 329 - 250 = 79	79.) 470 - 291 = 179
56.) 471 - 109 = 362	80.) 585 - 183 = 402
57.) 599 - 295 = 304	81.) 668 - 264 = 404
58.) 329 - 179 = 150	82.) 760 - 238 = 522
59.) 459 - 223 = 236	83.) 562 - 211 = 351
60.) 662 - 263 = 399	84.) 320 - 276 = 44
61.) 778 - 177 = 601	85.) 362 - 104 = 258
62.) 375 - 173 = 202	86.) 552 - 100 = 452
63.) 766 - 291 = 475	87.) 684 - 230 = 454
64.) 324 - 184 = 140	88.) 680 - 120 = 560
65.) 629 - 176 = 453	89.) 672 - 246 = 426
66.) 486 - 199 = 287	90.) 699 - 166 = 533
67.) 411 - 239 = 172	91.) 568 - 150 = 418
68.) 420 - 260 = 160	92.) 790 - 159 = 631
69.) 339 - 237 = 102	93.) 667 - 171 = 496
70.) 390 - 116 = 274	94.) 346 - 131 = 215
71.) 366 - 181 = 185	95.) 662 - 199 = 463
72.) 605 - 182 = 423	96.) 703 - 179 = 524

Visit

BABY PROFESSOR
EDUCATION KIDS

www.BabyProfessorBooks.com
to download Free Baby Professor eBooks
and view our catalog of new and exciting
Children's Books

* 9 7 9 8 8 6 9 4 4 4 4 4 8 *